POESIA

Stampato in Italia

VISIONI ANOMALE
di **Tamara Casati**
Collana Poesia

ISBN
978-88-31609-84-5

Grafica C.C., immagine di copertina di Valentina Casati.

TAMARA CASATI

VISIONI ANOMALE
POESIE

A tutte le strane visioni che pullulano nella mia mente.

Ai sogni vividi e tenaci.

Alla Terra. All'Universo e alla mia amata Natura che ha una forza unica.

PREFAZIONE

Se liberi l'anima dalla sua gabbia di carne e ossa puoi addentrarti in anomale visioni. Devi lasciarla volare con le sue ali pure e infrangibili. Puoi perderti e ritrovare te stesso. Ritrovare te stesso e perderti. VISIONI ANOMALE è un viaggio interiore significativo e di estremo amore per la mia Terra, l'universo e la natura. È osservare accuratamente tutto quello che si muove attorno a me, i dettagli, i suoni, le voci. Si percepisce il contrasto tra amore e odio, ma si captano i semi della speranza. Se ascolti la tua anima puoi trasvolare l'impossibile, puoi correre oltre le frontiere dell'essenza, valicare varchi impalpabili ed essere travolto da immagini straordinarie. Questa raccolta di poesie traccia un confine tra reale e surreale. Le parole raschiano la carta e desiderano affermare la loro autenticità, desiderano rivelare, sorprendere e anche persuadere a fantasticare. Sciogli i pensieri. Falli sfrecciare nello spazio-tempo e liberati dagli schemi, dalle pesanti regole. Ascolta la tua anima e i messaggi che vuole regalarti. La tua anima è amore e ha voglia di sognare. Mentre la mia penna dava forma a questi componimenti ho voluto abbandonarmi ai sogni, ho voluto cercare la verità e intingermi nella fantasia. Con la speranza che chiunque legga questo libro possa fondere la propria anima a questi frammenti di parole, possa essere afferrato da visioni anomale e coglierne l'essenza.

Tamara Casati

NON ESISTE IL NULLA

Non esiste il nulla,
non vivono le ferite del cuore,
non bruciano se gli occhi umani
planano lievi su alberi di zucchero polveroso.
Le foglie di luce sospirano la gioia
tra i baci umidi del vento.
Siedi nell'aria di primavera
mentre il cielo detona di fiamme cangianti,
un tramonto che urla le pulsazioni dell'eterno.
Il sole che si tuffa nel ventre della luna,
si amano in una notte di bufera,
(la grandine che solca lo stomaco della terra)
nudi, saziando la loro luce.
Bevi un bicchiere di puro silenzio,
fluido accarezza la gola
con una sottile piuma divina.
E se ascolti la voce di un albero
l'universo si strappa le mille ali
e precipita nelle vene del cuore
con un boato di verità,
si smarrisce nei battiti sudati,
affannati del pianeta
e dimentica la sua infinità
per donare agli umani
il suo sacrificio d'amore.

UNA BATTAGLIA SENZA TREGUA

Ogni notte la luna indossa l'abito da sera,
il più pregiato, il più luccicante,
danza in un cielo che singhiozza i conflitti dell'uomo.
Una battaglia senza tregua,
sangue che si mescola al sangue,
viscere che imputridiscono l'aria,
carne lacerata da un odio che mangia odio,
indomabile destino,
uomini contro uomini da millenni,
anime che si straziano con lame di acciaio.
La natura è un giglio dai petali puri e infrangibili,
risorge da ogni sconfitta,
uccide il tumore dell'anima,
sopravvive a ogni graffiato respiro,
si gonfia di giubilo, in un gioco di speranza.
Con la sua lingua di foglie fabbrica sogni dorati
e li porge nelle mani del mondo.
Gli alberi del pianeta cantano in coro,
vestono la corteccia più massiccia,
la chioma si fa elmo,
masticano il coraggio
e con spade di legno combattono,
impugnano la pace,
divorando gli uragani del male,
la morte della coscienza.
I demoni che fuggono all'alba di una nuova era
e l'universo che si asciuga le lacrime di polvere
esorta le sue stelle
a regalare profezie arcane e risate... risate
di fragole e miele.
Il futuro è riverbero di Dio,
scorre fra le sue dita di luce
e serba la chiave
per solcare con piedi invisibili e invincibili
l'eternità.

HO CONTATO LE STELLE

Ho contato le stelle
nel firmamento di cristallo, una a una.
Ho parlato con la luna della gioia e del dolore,
le ho confidato le piaghe di cuori ingabbiati e violentati,
le ho bisbigliato le carezze sulla pelle avvelenata d'amore.
Ho urlato al sole la fragilità umana,
la rivolta delle creature alate,
i vagiti della natura,
mi ha regalato uno fra i suoi raggi più preziosi.
Ho chiuso gli occhi in un pomeriggio d'estate
mentre la fresca brezza
strappava lo spazio-tempo della coscienza assoluta
e se ne nutriva avida
e l'universo galoppava sulla groppa delle stelle
con il suo scudo di fuoco
verso uno spazio e un tempo
che non hanno né vita né morte,
che si oppongono a qualsiasi legge fisica.
E gli alberi, i fiori e l'erba della Terra
hanno inghiottito le lacrime delle nuvole
e sono rinati dalla loro polvere,
da una guerra mai udita,
dalla battaglia incessante tra odio e amore.
Le foglie hanno congedato i rami
piangendo la felicità dell'esistenza
e con ali di ghiaccio
hanno viaggiato di pianeta in pianeta
per raccontare ai mortali (fratelli nostri)
l'amore universale
che non conosce galassie, né stelle,
che è il granello di un angelo
seminato in un campo di luce
dove germogliano girasoli disincarnati
che se li spremi grondano il nettare degli dei
e i petali si polverizzano nella morbida pelle
della speranza.

SEMI DI LIBERTÀ

Fiamme di sale
pitturano l'alba
in un mondo smacchiato dall'astio.
Corri su un'onda di mare
e ascolta il suo canto di pace.
Le sirene divorano conchiglie di sabbia,
chiedono al sole di strappare i loro sogni
per offrirli ai trasgressori
di tutti i tempi, di tutti i luoghi,
ignoti persino agli angeli.
L'orizzonte indossa l'universo
(e la sua voce smisurata)
e arde di cento colori,
diviene una goccia d'eterno
e una tempesta di quiete
si scatena al centro di cuori induriti, increspati
che hanno cavalcato unicorni possenti
d'altre dimensioni
dimenticate persino dal tempo supremo.
Nuvole rosa fuggono dalla prigionia dei demoni
e fanno l'amore col vento guerriero,
partoriscono semi di libertà.

NEI TUOI OCCHI, OH DEA

Nei tuoi occhi, oh dea
ho intercettato il futuro del mondo,
ho osservato umani divenire prede
di demoni mordenti,
ho contemplato stormi di farfalle giunoniche
cavalcare unicorni
su aliti disincarnati di angeli,
ho udito il canto concordia
di fauni bislacchi,
ho captato il vagito-libertà
di paterni alberi pensanti,
ho snidato la mia morte
e poi il mio vivere ancora.
Camminavo sui gradini di una stella
la cui luce scaldava i miei artici peccati
e la corvina voragine priva di frontiere
nella mia anima-cuore.

HO VISTO UN BACIO INDOSSARE LE ALI

Il bacio delicato è carezza su labbra
che divengono ali di fata libere e sensuali.
Il bacio travolgente è onda anomala sul cuore
che diviene terremoto fra le viscere
del petto gorgogliante.
Il bacio inaspettato è pugnale nell'anima
che diviene speranza
nelle grinze del buio gelido e senza sguardo.
Il bacio gustoso è abbandono dei sensi
che muoiono per poi risorgere
fra le mani degli angeli ridenti.
Baci al miele, baci al cacao,
baci alla fragola, baci al mirtillo e limone,
baci pepati, baci salati,
baci brucianti, baci rubati,
baci fragranti, baci eterei
donano all'esistenza meraviglia e mistero.
Un bacio soffiato dalle mie labbra vola
e si posa sull'infinito amare
che chiede solo di esistere ed essere contemplato.
Naufragata nella mia fantasia
ho visto un bacio indossare le ali
e tuffarsi folle nell'universo,
e innamorato fare l'amore con una stella
– gettando il suo sperma –
La stella si è gonfiata e gonfiata
è detonata in una supernova
partorendo una nuova stella.
Il bacio esplosivo.

UNA FOGLIA VERMIGLIA

Le foglie che sfarfallano in aria
sono sciami d'occhi di beata natura,
planano su prati,
ci scrutano circospetti
e scuotono ciglia rosse, lanose.
Il viandante passeggia nel sentiero di bosco
e rastrella una foglia vermiglia:
è l'occhio dell'amore che lamenta il suo anelito
d'essere amato da quel fratello
che ha coscienza impaurita
poiché essa foglia
è figlia della sua stessa madre,
la natura
concepita da un Dio equanime
che onora e consola
ogni suo frammento di creazione
ogni sua più strampalata creatura.

STRADA SENZA RITORNO

Contorte, fumose nubi
che si rincorrono in un cielo
che grida rivalsa agli umani.
Gocce di sangue imbrattate
dai sette peccati imperiali
precipitano dalle fiamme delle stelle
nell'attesa che si compia il giudizio finale.
Negli oceani di sangue putrefatto
annegano cuori sbranati dall'odio.
Parto per una strada senza ritorno.
Il treno che viaggia la vita
canta tiritere funeree,
vola come freccia
dentro gli occhi del vento sfiancato
serpeggiando fra monti di luce
dove il sangue non può inzupparli.
Toccati solo dalle lacrime consacrate
di una quieta creatura senza corpo
che mi ha offerto la sua grazia
in cambio di una promessa d'amore eterno.
Nessuna fermata.
La stazione è taciturna.
Il treno non sgorga fiato,
si è sciolto nella luce.
E io resto lì
e imploro la grazia concessami
impigliata fra le unghie delle dita.

IL MATTO E L'ORCO

Mi ubriaco
a ingorde sorsate di vino rubino.
Mi ubriaco per licenziare la rude vita
per perdermi nel silenzio dell'anima,
e vedo un matto sganasciante.
D'un tratto borbotta con un orco,
ci litiga e si riappacifica.
L'orco ha corna sanguigne e incurvate,
occhi asimmetrici, ocre.
Assaporo l'odore ributtante dell'orco
e mastico la disinvoltura del matto,
mi spoglio dei vestiti
e dono la mia pelle all'orco
che ne forgia una zigzagante treccia
da donare al matto.
La treccia di pelle diviene coda del matto,
il matto si muta in orco.
E io son aria con occhi d'anima
e finalmente libera dagli artigli della vita
che concepisce rantoli corrosivi
nell'io.

SOLO SE

Solo se parlotti con folletti
puoi masticare il vino di Dio.
Solo se danzi con fate
puoi bere i frutti di Dio.
Solo se ti trastulli con gnomi
puoi captare la giustezza di Dio.
Solo se baci elfi
puoi contemplare il trono di Dio.
E se ti tuffi negli occhi di un angelo
puoi sentirti frammento neonato di luce
consacrata dal sorriso irripetibile di Dio
che si libra in uno spazio-tempo
senza frontiere.

UNO SCRIGNO PIENO D'AMORE

Nell'era in cui
il giorno e la notte
hanno estirpato il loro cuore,
luce e buio sono fuggiti
in una galassia sperduta
invalicabile al pensiero di tutti i mortali,
ho volato abbracciata all'impavido vento
con l'ultima spada d'argento
mentre la grandine di ferro
mi raschiava le ossa
e tentava di insudiciare
la mia anima fragile.
Ho accarezzato le guance del cielo sbiadito,
piangeva l'invidia
intrappolata fra i denti umani.
Ho cullato fra le mie braccia di umida terra
la stella madre
medicando con acqua del mare
le sue ferite imbevute di sangue,
trafitta dall'egoismo
dei suo fratelli di carne.
E ho riagganciato le ali alla luna
bastonata dalla superbia evaporata
dagli ultimi sopravvissuti,
ho contemplato i suoi occhi dorati e clementi.
Mi ha donato un tesoro,
uno scrigno pieno d'amore
da seminare per le vie del pianeta,
da offrire in pasto all'aria sconsolata e affamata.

PENSIERI

I pensieri, tutti,
sfrecciano nelle strade degli universi
liberi e nudi, bollenti e infreddoliti,
bevuti dalla coscienza unica e infinita
cibo delle stelle, esplodono con esse
mai dimenticati, vivi in ogni battito dell'esistenza.
I miei pensieri lievi come la luce croccante
e duri come la carne congelata
vengono colti dalle foglie del bosco dorato
e innaffiati dalle loro lacrime d'estasi.
I pensieri d'ogni umano
aleggiano smarriti nel vento
che racconta agli alberi fratelli
i sogni infranti d'ogni cuore sfigurato.
E gli alberi dei boschi sprigionano
la loro consolante potenza e l'amore schietto
e ingoiano il cielo rosso
da regalare alla fresca terra.
Partorisce erba dai capelli ramati
e rose di cioccolato
che danzano sbarazzine tutte le estati
sotto un sole eccitato e rovente,
che bacia la bocca della luna con raggi di trionfo
quando il tempo arresterà
il suo ritmo frenetico e assillante
e vestirà l'eternità
in ogni brandello di spazio
camminando nel nobile petto di Dio
che batte e batte di indefinibile gioia.

CAPANNE DI LUCE

La pioggia bruna dipinge il lutto nell'orizzonte,
la pelle trema fra gelide pietre,
le ossa mordono le viscere con denti ammuffiti.
Sento il cuore che si dibatte convulso
nell'uragano della vita
e fabbricherà le sue ali
quando tutto si sbriciolerà
in gusci d'anima sperduti e vitali.
Con le scintille degli dei
la luna e il sole faranno l'amore in eterno
nel fango del rimpianto
mentre le stelle gorgheggeranno
una nuova esistenza dall'abito di farfalle
e i pianeti cesseranno di ruotare animati
e rideranno... rideranno.
Le anime si accucceranno nella loro vera casa,
capanne di luce al gusto di ciliegia e lampone
che si possono assaggiare e bere
senza il clangore dell'orologio.
Il cuore delle anime non avrà più scatto né viso,
rigurgiterà gli affanni,
si perderà nella quiete di cieli piumosi
dove lo spazio e il tempo
s'incontrano da sempre e di sottecchi
nelle notti bianche
e parlano dell'inesauribile
e si fondono nell'assoluto fluire degli istanti.

VIVI I TUOI PASSI NELLA NATURA

Vivi i tuoi passi nella natura,
i suoi seni carnosi sono cuscini materni
dove riposare la pelle stanca,
dove adagiare occhi infiammati,
puoi lanciarti sulle morbide foglie,
giacigli con dita consolanti.
Scoiattoli azzurri che si nascondono
nella pancia di alberi nani
e assaporano la corteccia
su conchiglie di lana.
Farfalle titaniche che si sposano
coi fiori di miele in primavera
quando la neve parte sul primo treno di ghiaccio
e la pioggia è libera e calda
e tocca le curve della terra ridente e passionale.
Un sorriso esplode dal sole
e scalda l'aria affollata di falchi
che abbandonano la Terra
su aeroplani di carta,
volano nel cosmo tra galassie ignote
per approdare su nuovi pianeti
dove non esistono né lune, né soli, né stelle
ma solo il profumo degli angeli,
il canto delle fate immortali
e l'antico ricordo di umani ingabbiati.

HO AMATO. AMO. AMERÒ.

Ho amato. Amo.
Amerò ogni espressione della natura,
i suoi occhi bagnano il cuore di vita.
Il suo profumo come una dolce bocca divina
tocca la pelle con garbo,
le sue braccia stringono così forte
da soffocarti d'amore.
Se cammini in un campo dorato
l'erba ti sorride inarrestabile e racconta barzellette,
i fiori si prendono per mano
e iniziano a danzare il presente,
gli alberi sono misteriosi ma chiacchieroni
e ti predicono il futuro,
le farfalle e le api e le coccinelle
dichiarano il loro entusiasmo
e di avere in dono ali indomabili,
il cielo intona poesie d'amore alla terra
e il sole attende a braccia conserte
la comparsa della luna
per contemplarla coi suoi occhi di fuoco,
per avvolgerla con le sue braccia possenti,
per spogliarla e palparne le curve.
E le stelle, dipinta la notte,
suonano la chitarra
ridendo insieme a te del passato,
ti svelano che Dio
si è strappato un raggio di sé
per regalarci ogni piccolo frammento
del pianeta,
per donarci le foglie odorose di anima.

MARTE E LA LUNA

Naviga la nave che brilla di foglie
in un oceano blu topazio
dove abitano monti di ghiaccio
che si arrampicano nelle vette del cielo.
Nel tragitto lento
verso un nuovo tempo
i passeggeri notano
nello sguardo della notte inquieta e sfuggente
marte e la luna.
Astri vicini.
Lampeggiano istintivi.
Si osservano tremando di esultanza.
Si toccano con mani di sabbia.
Il rosso e l'oro si squagliano
in un'unica anima coraggiosa,
in un amore vero e immortale.
Uccelli variopinti e strambi
giungono da pianeti lontani e alleati
e planano armoniosi sulle onde gioconde,
garriscono il principio dell'alba fiera e ardente
dove il cielo diventa una dimensione vuota
senza occhi
che si tuffa fra la spuma
in un gesto d'amore al pianeta
per lasciare il ricordo
delle sue orme stimate.

(Ispirata a un sogno 24-10-2018)

SOPRAVVISSUTI

Sopravvissuti
sfrecciamo su una navicella
nel cosmo materno
fra nubi di gas che sculettano ironiche,
fra galassie scorbutiche e spavalde.
Smarrito il tempo
con orologi rotti
che non battono le ore terrestri.
Siamo approdati su un nuovo pianeta.
Lo abbiamo chiamato AMORE.
Respiriamo un'aria di polvere rinata
ossigeno che ci accoglie nel suo cuore impalpabile.
Il vento rosa asciuga le nostre lacrime avvelenate,
le sue dita accarezzano la pelle usurata.
La pioggia che ha gocce di cristallo
lava i rimorsi, le paure, i supplizi,
spazza via i ricordi sepolti fra le viscere d'angoscia
che si dimenano impazzite nella gabbia delle ossa.
Il cielo di nuvole purpuree e valorose
butta baci agli occhi spenti.
E c'è una luna arrampicata sulla cima
(fra i capelli azzurri del firmamento)
verde come lo smeraldo
(inestimabile come una dea virtuosa)
che ci regala le sue emozioni
antiche miliardi di anni.
E sussurrandoci: "Benvenuti!"
strappa un fiore germogliato
fra la grigia sabbia e ce lo dona
e si estirpa il sorriso
incollandolo alle nostre bocche sgualcite.
La nostra anima rifiorisce.
Ancora un'altra opportunità.
AMORE ci ha ospitato.

LINFA DELLA NATURA

Succhia la linfa della natura
e posati su un letto di tulipani
dove l'anima si gonfia di un cielo angelo
e pugnala i tormenti
e seppellisce le lacrime sotto la terra.
Rinasce pulita
con occhi senza contorno.

LA PORTA DI UN ALBERO

Ho penetrato
la porta di un albero,
le sue radici mi hanno avvinghiata
con la luce curativa della natura.
Un folletto strabico mi ha predetto
la guerra che imprecava a cavallo della pace.
Ho cenato su una foglia
l'umiltà incrostata di girasoli
al sapor di amore
lavato e lavato
dalle viscere dell'odio.

SOGNO

Sogno.
Volo oltre i confini del cielo.
L'immensità mi avvolge.
Galoppo su una stella Supernova
e le chiedo di prestarmi la sua esplosione.
BUM!
I miei atomi si sparpagliano fra le galassie.
Mi è rimasta l'anima che vaga curiosa.
Le strade dell'universo
sono oceani che non dormono mai.
Brindano col vino degli dei
l'esistenza
che non spia l'orologio.
Mi fondo all'energia
che non esaurisce
e illumina.

RICORDO

Ricordo il profumo della tua pelle
mi ubriacava come il vino,
la tua bocca calda sulla mia
mi accendeva come il fuoco
incenerisce l'ingrato inverno,
le tue mani forti
come quelle di un dio,
il tuo respiro
scorticava la mia angoscia,
istigava la mia sete d'amore,
calciava il mio cuore privo di ragione.
Eppure un giorno ci amammo
in un campo di foglie gialle
sotto la pioggia bollente
che rigò i nostri corpi contorti, l'uno nell'altro,
sudati di vita, d'impulso.
Gli alberi arrossirono
ai nostri gemiti di estasi.
Il sole geloso
nascosto dietro nuvole irrequiete
ci negò i suoi bagliori.
E il vento clemente
sollevò le nostre anime
trascinandole in paradiso
dove gli angeli e le fate si fondono
e generano gli universi di luce.
Quel giorno noi ci unimmo
in un sol corpo, in una sola anima.
Ma la luna ti volle tutto per sé,
scese furiosa al crepuscolo
e ti lanciò un lampo della sua bellezza,
te ne andasti fra le sue braccia
lasciandomi lì, al mio destino,
al mio pianto irrefrenabile.

CIMITERO DELLE COLPE

Nel cimitero delle colpe
uomini e donne scavano le loro tombe
mentre la luna
in una notte afosa
intreccia il perdono fra le sue dita,
sparge fiori d'amore sui peccatori,
le sue lacrime dense e risanatrici
atterrano come pioggia.
Ma le anime evaporano dalla umida terra
e si tuffano nel ventre degli angeli
per assicurarsi la grazia,
per essere salvate dall'odio che le ha divorate,
che ha logorato le loro risate
e cancellato la fantasia.
La luna ha sacrificato se stessa
per liberare gli umani dalle loro trasgressioni.
Ora possono volare eterei nello spazio
e sciogliersi alla coscienza universale.

REGALA I TUOI SOGNI AL SOLE

La luce della luna
è caduta nel lago del paradiso.
Giardini fioriti che cinguettano l'onore.
Sogni che nuotano nei ruscelli della fantasia.
È vero che un sogno non muore mai
se lo coltivi nella terra feconda dell'anima,
se accarezzi il suo cuore ogni giorno
e lo nutri con l'acqua pura delle ninfe.
Ma se lo uccidi con la spada del demonio
il sogno rigurgita fantasmi irrequieti
che ti azzannano i piedi e ti strappano gli occhi.
Regala i tuoi sogni al sole,
li curerà con unguento di fuoco
e li conserverà in eterno.
Il sogno è un raggio di speranza,
devi mangiare l'amore per crearne uno.

L'ISOLA SOLITARIA

Oh, donna
hai scelto di vivere nell'isola solitaria
dove l'acqua alimenta il fuoco con la sua dolcezza
e il fuoco spegne l'acqua col suo ardore.
Nuda,
senza abito ad agghindare il cuore,
senza sandali infilati nelle mani e guanti nei piedi.
Nessuna maschera di fango sull'anima.
Il mare prosciugato dal tuo sacrificio.
Passeggiavi nelle viuzze del cielo
e osservavi inquieta la luce del sole
fra l'immensa spiaggia sospesa.
Tutto era invertito.
Ma l'hai scelto tu.
Nessuna regola. Leggi infrante.
Hai rincorso la solitudine,
vi siete amate come due amanti.
Annusate. Toccate col desiderio bruciante.
Hai leccato ingorda i suoi silenzi,
bevuto le sue parole non dette.
E avete riso insieme.
E hai mangiato il bagliore delle stelle
su conchiglie che ruzzolavano dalla sabbia, lassù.
E le tue gambe danzavano nell'aria cristallina
libere finalmente.

L'INVERNO PIÙ CRUDELE

Nel gelo dell'inverno più crudele
l'odio si rafforza,
irrobustisce le sue radici.
Ogni foglia muore
ascoltando il trambusto del mondo,
quando le unghie maledette
graffiano la sua purezza.
L'uomo vivrà abbastanza a lungo
da salvare le risate della natura, sacra madre,
e sgretolerà il ghiaccio nelle proprie vene
con l'amore del vento.
Parlerà dei suoi rimorsi
con l'albero padre,
l'ultimo sopravvissuto,
e chiederà perdono agli dei,
rinchiusi nelle prigioni di sangue
costruite dagli umani stessi
soggiogati dallo sguardo dei demoni
dell'inferno.

VATTENE INFERNO!

L'inferno è piombato sulla Terra,
ha tentato di spezzare l'infinità dell'universo,
ha corroso vite,
bruciato la melodia delle anime,
ha riso delle sue prede
intrappolate fra i suoi artigli di fuoco e di ghiaccio.
Vattene inferno!
Sei l'infelicità fabbricata
da un mostro di ossa fragili all'amore.
Ma non c'è terrore
che può essere seminato dal male
se il cielo stringe un patto con gli angeli
e gli dei, cavalcando le nuvole,
affrontano gli schiavi di satana
con daghe di luce
e gli alberi hanno il potere di purificare
gli spazi claustrofobici del pianeta
che lacrima gocce di sangue
infettato di rabbia.

SONO DIVENUTA

In una notte di cristallo
madre natura mi ha raccolta
mentre supplicavo la giustizia
sulla bocca della luna.
Le sue mani d'ogni colore
fragranti come il respiro di Dio
hanno cullato i battiti del mio cuore,
hanno lavato la mia carne sporca di tormenti.
Ho bevuto la sua linfa rigenerante e magica.
Sono divenuta albero.
Sono divenuta foglia.
Sono divenuta fiore.
E gli animali del bosco mi hanno onorata
e hanno sradicato un lampo del sole
intrecciando con filo e ago
un vestito di fuoco per me.
Sono divenuta fiamma
e ho amato il sole nella coltre azzurra
fino alla fine dei miei giorni.
Due amanti avidi d'amore.
Le nostre bocche bollenti si sono toccate
e hanno originato una favilla
che è scagliata nello stomaco dell'universo.
Siamo divenuti universo.

SEI UNA RARA PERLA

Non lasciarmi foglia!
Parlami del tuo passato, rivelami chi sei...
Dammi un barlume della tua essenza,
voglio succhiarla. Ne sono bramosa.
Abbracciami e riscaldami, ho freddo.
La sofferenza dell'aria
si è incagliata sotto i miei denti
e le guance tremano... tremano...
Curami con il tuo latte puro
e bianco come le nuvole
che mi hanno lanciata qui,
nella foresta dell'allegria.
Foglia, ti ho amata
da quando i miei occhi
hanno penetrato i tuoi, verdi e senza peccato.
Vedo il tuo passato, ora, vedo ciò che sei...
Sei figlia della natura che ha vita smisurata.
Ma prima ancora sei figlia di Dio.
E nel suo regno di silenzi e pace
sussurravi l'amore agli angeli
prima di essere trasportata sulla Terra
e donare la gioia agli umani, a me.
Tu, lo vedo,
sei una rara perla del paradiso.
Grazie...
Ora sono felice
tra le tue braccia incorruttibili.

SE MI AMI

Sfiorami la pelle
con un petalo purificato
e gettami brividi di gioia sui seni.
Baciami quando la notte
corre verso il fuoco delle stelle
per amarle di follia.
Avvolgimi e godi di me
quando il sole scioglie l'ultimo inverno.
Noi siamo uno.
Ti regalo la mia anima, puoi cucinarla.
E tu regalami la tua, la assaggerò pezzo per pezzo.
Fondiamole all'alba.
Diventiamo un unico fiore che non appassisce,
che cresce nell'erba immortale.
Se mi ami ruba la luna al cielo per me
e posala nel letto delle nostre pazzie bollenti
quando le nostri carni si aggrovigliano
e perdono il senno
e poi non sono più carne
ma una sola essenza.

CIELO

Cielo hai un volto piangente.
Le tue lacrime colano sulle mie ferite aperte
e brucio.
Non disperarti per la vendetta degli uomini.
Tu sei eterno
e sei amato dalle stelle e dal sole
e la luna col suo violino
ti canta il suo amore ogni notte.
L'ho udita! L'ho udita
mentre dormivo nel bosco coi fauni e le ninfe.
Non devi bere il sangue
che l'odio ha cosparso sulla terra.
Non piangere,
perché la pioggia sporca le mie labbra
e ha il sapore della tua arresa.
E io te lo dico, ora.
Ti amo.
Sei il mio compagno più caro.
Ti amo e ti sei infilato nella mia anima
con irruenza.
L'hai accesa in quel lontano profumo
che solo gli angeli sono capaci di diffondere.
Tu sei il figlio prediletto del cosmo.
Tu sei un re sul trono d'aria.

L'ALBERO

Ho parlato con un albero
che dimorava un luogo fuori da ogni tempo,
dalla concezione della mente.
L'ho conosciuto attraverso un sogno
in una notte fredda, la carne intirizzita.
Sorrideva e i suoi rami bevevano nettare di luce
preparato dalle fate.
Ho accarezzato la sua pelle robusta,
le sue radici erano braccia premurose
che scaturivano dalla terra
e mi avvolgevano di indulgenza.
La sua voce potente e ossequiosa
incantava il regno della natura,
qualsiasi chimerica creatura.
Gli ho chiesto un pezzo della sua pregiata corteccia
per deporla fra i battiti del cuore,
per essere lui
e riposare eterna nella sua essenza immortale.
L'albero mi ha risposto
che non poteva offrirmi nulla di sé,
che dovevo ringraziare Dio per quel viaggio.
E dovevo tornare nel nido di trasgressioni,
sulla Terra,
e piangere il dolore del pianeta.
Solo così, solo soffrendo l'odio ferino e immenso
dentro la gola di tutti i terrestri,
sarei tornata da lui e avrei potuto donargli il mio cuore
e lui mi avrebbe concesso la sua corteccia
per fondermi alla sua grandezza
e sorseggiare la luce su foglie d'argento.
Ho aperto gli occhi,
il sogno sbriciolato
sulle lenzuola inzuppate di lacrime.
E ho pianto, pianto...
le mie ossa sono esplose di tormento.
Il cuore si è spaccato.
Mi sono innamorata follemente di quell'albero.

RAPITA

E sono qui
nel grembo di una foresta
che mi ha risucchiata.
Persa in una pace che non ho mai conosciuto,
nella mia follia più pura, quella che cura l'anima.
Poso gli occhi sulle sinuose curve di saggi alberi,
diffondono una melodia
che non puoi acquistarla
in nessun negozio virtuale, carnale.
L'aria è fragrante della saliva delle fronde
e l'erba pompa il suo petto
e si ubriaca di energia,
non ricorda più il suo nome e ride birichina.
Il potere e la magia abitano il rifugio degli angeli
che polverizzano la propria luce
per costruire la robustezza della natura,
per nutrirla di una pietanza preziosa
che cresce in una dimensione
che nessun occhio mortale può avvertire,
no,
fin quando la Terra ci serberà fra la sua roccia e linfa.
E tutto in me grida la meraviglia,
persino i miei atomi danzano l'euforia.
La foresta mi ha rapita e ora sono sua sposa.
E io non torno più indietro.

PERFETTO E PRINCIPE

Ti ho visto solitario
tra le fiamme che inaridiscono
le parole dell'inverno.
Perfetto e principe
vibri nelle strisce infinite dell'azzurro.
Un pennello magico
plasmato da una dea strappata alla sua anima
dipinse la tua bocca, i tuoi occhi,
il naso, le onde di capelli rossi e ribelli.
Ti arrossisci fino a esplodere
quando il volo delle rondini
ti accarezza la pancia bollente,
le cicale assaporano
ogni raggio su piatti d'aria imbalsamata
e divengono
il canto della tua anima di fuoco.
Sole, non dirmi perché ami scaldare la vita.
Dio ti ha scelto per un grande compito.
E la Terra ti lancia fiori di gratitudine
mentre balla instancabile
le ore che non si arrestano.
Tutto respira il movimento se tu sorridi.
E scrosciano bagliori
sulle incertezze umane,
sulla mia paura infausta che urla il tuo abbraccio,
che brama il tuo amore solenne,
una tua parola di conforto.

LO SO

Ho creduto fin da bambina che tu, luna,
avessi abiti d'argento, che fossi calva,
ma non è così.
Tu sei oro colato,
pregiata più del diamante.
Sfoggi una chioma di sabbia pulsante.
Sei fluida e arcana,
le tue curve dettano il germoglio dell'estasi.
E nuoti nelle ombre di uno spazio
che nemmeno i geni possono definire.
Lo so.
So che spesso chiedi consigli all'universo:
fratello, madre, padre, amante.
So che ti narra segreti preziosi, impronunciabili.
Ma questa notte ti sei confidata col mio cuore.
E ti ringrazio, sorella mia.
"Il nulla non ha vita", mi hai sussurrato.
"Dio è nello spazio e serpeggia in silenzio
fra le stelle, i pianeti, le nubi che s'incendiano".
Sì. Il tuo segreto è libero, ora
e vola sulla coda del vento.
È sigillato dentro la mia carne viva
e fa sussultare le mie ossa.
"Dio ha voce" è sgorgato dalle tue labbra pregne dell'oro,
"prima che gli universi facessero l'amore
per concepire altri universi e altri universi.
Troppi".
La tua mente, luna, non riesce a contarli.
"Dio è l'essere. È" hai rivelato.
"Doma l'esistenza. Semplicemente.
Potente più del respiro del cosmo
s'insinua fra gli interstizi della nostra anima
e grida il proprio nome che rimbomba fra gli atomi
e spacca le vene.
La sua voce atterra i latrati dei demoni".

SINTESI

Dio soffiò luce e ogni cosa prese sagoma
e l'esistenza suonò i suoi istanti
con una voce melodica.
E il vento disse alla roccia che amava il cielo.
E la luna sussurrò al sole
che sognava di baciarlo ogni alba, ogni tramonto.
E le stelle sfrontate, accaldate si spogliarono
e fecero l'amore con l'universo, giorno dopo giorno.
E i pianeti d'ogni galassia
strinsero una solida amicizia fra loro.
Un patto d'alleanza.
Promisero di proteggere le creature che ospitavano.
L'amore e l'odio, mano nella mano,
galopparono lontani
saturando il tutto.
Si fusero nel letto degli amanti.
Quanti baci e morsi e graffi.
La loro passione incendiò l'aria,
crepò i focolari del mondo.
Litigarono.
Si amarono e poi si odiarono.
Si odiarono e poi si amarono.
Gli angeli planarono dagli spazi
e osservando la vita dibattersi
cosparsero frammenti di sé.
I loro occhi sono ovunque.
Cercano di riconciliare l'amore e l'odio.

INDICE

Finito di stampare
nel mese di marzo 2019
da *Youcanprint Edizioni*
per conto di
Tamara Casati

facebook: Tamara Casati

www.ingramcontent.com/pod-product-compliance
Lightning Source LLC
Chambersburg PA
CBHW020135180726
47992CB00023B/3101